8° F pièce
4720

DU CUMUL

DES DEUX QUOTITÉS

DE LA NATURE
ET DE L'ÉTENDUE DES DROITS

DE L'HÉRITIER DONATAIRE EN AVANCEMENT D'HOIRIE

QUI A RENONCÉ A LA SUCCESSION

SUR LES BIENS QUI LUI ONT ÉTÉ DONNÉS

PAR

ALPHONSE BLOCH

AVOCAT A LA COUR IMPÉRIALE DE PARIS, DOCTEUR EN DROIT.

Extrait de la REVUE CRITIQUE DE LÉGISLATION ET DE JURISPRUDENCE,
tome XXII, livraison de mai 1863.

PARIS

COTILLON, ÉDITEUR, LIBRAIRE DU CONSEIL D'ÉTAT,
6, rue Saint-Hyacinthe (au coin de la rue Soufflot).

1863

2 Mr Rivolet
Bibliothèque Nationale — DON N° 152862
Grâce
8F 47.20

DU CUMUL
DES DEUX QUOTITÉS

DE LA NATURE
ET DE L'ÉTENDUE DES DROITS

DE L'HÉRITIER DONATAIRE EN AVANCEMENT D'HOIRIE

QUI A RENONCÉ A LA SUCCESSION

SUR LES BIENS QUI LUI ONT ÉTÉ DONNÉS

PAR

ALPHONSE BLOCH

AVOCAT A LA COUR IMPÉRIALE DE PARIS, DOCTEUR EN DROIT.

Extrait de la REVUE CRITIQUE DE LÉGISLATION ET DE JURISPRUDENCE,
tome XXII, livraison de mai 1863.

PARIS

COTILLON, ÉDITEUR, LIBRAIRE DU CONSEIL D'ÉTAT,
6, rue Saint-Hyacinthe (au coin de la rue Soufflot).

1863

Paris. — Imprimé par E. Thunot et Cⁱᵉ, rue Racine, 26.

DU CUMUL DES DEUX QUOTITÉS.

*Le donataire en avancement d'hoirie, ou le légataire qui renonce à la
success pour s'en tenir à son don, conformément à l'article 845 du
Code Napoléon, peut-il retenir ce don jusqu'à concurrence tout à la fois
et de la quotité disponible et de la réserve, ou seulement jusqu'à concurrence de la quotité disponible?*

§ 1.

En présence d'un revirement de jurisprudence, en présence
des divergences qui existent sur cette question entre les auteurs les plus recommandables, il ne nous est pas permis, alors
même que nous y serions fortement disposé, de la considérer
comme simple. — A ne lire cependant que les termes de
l'article 845 du Code Napoléon, qui en est le siége, il sem-
blerait que la solution n'en dût pas être difficile.

Nous n'en voyons pas moins la cour de cassation qui, en
1818, avait décidé que le donataire renonçant ne pouvait retenir la libéralité à lui faite, que jusqu'à concurrence de la
quotité disponible, revenir sur sa jurisprudence après vingt-
cinq ans ; et les auteurs qui ont consacré à cette question des
volumes, y reviennent dans les deux camps avec une ardeur
toujours nouvelle.

« A qui », se demande M. Valette, dans un savant article [1],
« à qui doit-on reprocher un pareil état de choses ? Au législateur? Non. Il faut en accuser les interprètes du code, et surtout

[1] *Droit* du 17 décembre 1845.

les interprètes officiels, ceux qui sont chargés de statuer d'une manière souveraine sur l'application des lois. »

Nous sommes parfaitement de l'avis du savant professeur, et cette accusation nous la formulons ainsi : c'est pour n'avoir pas su rompre avec les anciens principes sur la légitime, tant des pays de droit écrit, que des pays de coutume ; c'est pour n'avoir pas su dégager notre réserve telle que nos lois nouvelles l'ont faite, de ces idées d'un autre temps, que certains auteurs et un grand nombre d'arrêts sont tombés dans ce que nous croyons être l'erreur.

D'autres causes y ont contribué encore, mais comme celle que nous venons d'indiquer est la principale, nous croyons qu'il ne sera pas inutile de dire en quelques mots ce qu'était autrefois la légitime dans les pays de droit écrit et dans les pays de coutume, ce qu'était la réserve coutumière, enfin ce qu'est aujourd'hui la réserve du Code Napoléon.

§ 2.

La légitime des pays de droit écrit n'était autre chose que la légitime du droit romain. Personne n'ignore le pouvoir étendu, illimité, que la loi des Douze Tables avait accordé au père de famille sur son patrimoine. Elle avait consacré en sa faveur le principe de la liberté absolue de disposer à titre gratuit, par ces termes si connus : « *Uti legassit super pecunia tutelave rei suæ ita jus esto.* »

Parmi les restrictions qui dans la suite des temps furent apportées à cette liberté illimitée de disposer, l'une des plus importantes fut la plainte d'inofficiosité. Elle repose sur l'idée que celui qui a de proches parents est obligé, en raison des liens de parenté qui l'unissent à eux, de leur laisser, *officio pietatis,* une partie de sa fortune. Le montant de cette portion de biens fut fixé d'abord, par analogie de la quarte falcidie, au quart de la portion qu'en l'absence des dispositions faites à titre gratuit par le défunt chacun des légitimaires indistinctement, et sans égard à leur nombre, aurait obtenue dans l'actif des biens du défunt, déduction faite des dettes et des frais funéraires. Justinien, dans sa Novelle 18, éleva la légitime des descendants à la moitié ou au tiers de cette portion, suivant que leur nombre ne dépasserait pas ou dépasserait celui de quatre. En même

temps il décida que les légitimaires auxquels le défunt aurait
laissé soit une quote-part de ses biens, soit un objet particulier imputable sur leur légitime, ne pourraient plus agir par la
voie de la *querela inofficiosi,* mais auraient à leur disposition une
action personnelle (*condictio ex lege*), pour obtenir le supplément de cette légitime. Cette action compétait à chaque légitimaire en sa qualité de parent, et n'était pas subordonnée à la
qualité d'héritier.

Ces principes avaient prévalu dans les pays de droit écrit.
«Legitima,» dit Dumoulin [1], *pars est bonorum, non hereditatis.»*
La légitime en effet dans ces pays était considérée non comme
une quote-part de l'hérédité, mais comme une portion de
biens attribuée à chacun des légitimaires individuellement, en
vertu des liens du sang. Aussi n'était-il pas nécessaire de se
porter héritier pour réclamer la légitime [2], et les légitimaires
n'étaient-ils pas saisis de plein droit de leur légitime [3]. Les
légitimaires qui avaient été exhérédés injustement ou prétérits
avaient le droit de faire prononcer la nullité du testament.
L'annulation du testament n'entraînait cependant pas la nullité
des legs et des fidéicommis; les légitimaires avaient seulement le droit de prélever leur légitime dans le cas où la nullité
de l'institution ne suffisait pas pour les en couvrir.

L'action en supplément de légitime fut maintenue et excluait
l'action en nullité du testament à l'égard de ceux des légitimaires qui, sans avoir été prétérits ou injustement exhérédés,
n'avaient cependant pas obtenu leur entière légitime.

§ 3.

Les pays de coutume avaient aussi admis une légitime, mais
seulement en faveur des enfants et descendants. L'article 298
de la coutume de Paris la leur reconnaît en ces termes : *« La
légitime est la moitié de telle part et portion que chaque enfant
eût eu en la succession desdits père et mère, aïeul ou aïeule, si
lesdits père et mère ou autres ascendants n'eussent disposé par*

---

[1] *Consilium* 29, n° 1, t. II, p. 895.

[2] Dumoulin, *op. cit.,* n° 2. — Furg., *Tr. des test.,* ch. 10, sect. 1, n° 116;
sect. 2, n°⁵ 39 et 40. — Merlin, *Rép.,* v° *Légit.,* sect. 2, § 1, n° 2.

[3] Merlin, *Rép.,* v° *Légit.,* sect. 2, § 1, n° 1.

donation entre-vifs ou dernière volonté ; sur le tout déduit les dettes et les frais funéraires. »

Les règles du droit romain sur la légitime avaient été modifiées par la maxime « le mort saisit le vif, » et le principe « qu'institution d'héritier n'a lieu. »

On controversait la question de savoir si, pour réclamer la légitime par voie d'action, il fallait se porter héritier. Pour l'affirmative, nous pouvons citer Dumoulin[1], Coquille[2], Ferrière[3], Bourjon[4], Ricard[5], Lebrun[6] et Argou[7] ; pour la négative, Merlin[8] et Chabot[9].

Mais il était hors de doute qu'il ne fallait pas être héritier pour retenir la légitime. La renonciation à succession par le légitimaire auquel une donation en avancement d'hoirie avait été faite, ne s'opposait pas à ce qu'il retînt sa légitime sur la donation. C'est ce qui résulte de l'article 307 de la coutume de Paris qui est ainsi conçu : « *Néanmoins, au cas où celui auquel on aurait donné se voudrait tenir à son don, faire le peut en s'abstenant de l'hérédité, la légitime réservée aux autres.* » Et de l'article 34 de l'ordonnance de 1731 dont voici les termes : « *Si les biens que le donateur aura laissés en mourant sans en avoir disposé ou sans l'avoir fait autrement que par des dispositions de dernière volonté ne suffisent pas pour fournir la légitime aux enfants, eu égard à la totalité des biens compris dans les donations entre-vifs par lui faites, et de ceux qui n'y sont pas renfermés. ladite légitime sera prise premièrement sur la dernière donation, et subsidiairement sur les autres, et en remontant des dernières aux premières ; et en cas qu'un ou plusieurs des donataires soient du nombre des enfants du donateur qui auraient eu droit de demander leur légitime sans la donation qui leur a été faite,* ILS RETIENDRONT *les biens*

---

[1] *Comm. sur la coutume de Paris*, art. 125 de l'ancienne coutume, n° 1, t. I, p. 884.

[2] *Quest. et rép. sur les art. des cout.*, quest. 163.

[3] *Nouv. comm. sur la cout. de Paris*, art. 298, n° 4.

[4] *Droit comm. de la France*, tit. 17, seconde part., sect. 7, § 1.

[5] *Traité des don.*, part. III, chap. 8, sect. 5, n°³ 978 et suiv.

[6] *Des successions*, chap. 3, sect. 1, n°³ 9 et suiv.

[7] *Inst. au droit français*, liv. II, chap. 13, *in fine*.

[8] *Rép.*, v° *Légit.*, sect. 2, § 1, n° 2.

[9] Sur l'art. 845, n° 9.

à eux donnés jusqu'à concurrence de la valeur de leur légi-
time, et ils ne seront tenus de la légitime des autres que pour
l'excédant. »

§ 4.

Si la légitime de droit avait, dans les pays de coutume, de
nombreux rapports avec la légitime des pays de droit écrit,
il n'en était pas de même de la réserve qui en différait
complétement.

Un passage de Lebrun [1] fera ressortir ces différences : « *Les*
parts et portions que les coutumes assurent aux héritiers dans
les propres ou autres biens, » dit cet auteur, « *s'appellent ordi-*
nairement la légitime coutumière, et l'on oppose ces deux légi-
times (la légitime de droit et la légitime coutumière) l'une à
l'autre en diverses rencontres. Cependant, à proprement parler,
celle-ci n'est point une légitime ; mais un droit qui compose ou
qui augmente la succession ab intestat : *car si quelqu'un a dis-*
posé de ses propres au delà de ce qui est permis par la coutume,
cela se trouve de plein droit dans la succession ab intestat, *à*
cause de la nullité d'une partie de la disposition qui ne subsiste
qu'à proportion qu'elle n'est pas contre la disposition expresse
de la loi municipale, au lieu que la légitime ne s'obtient que
contre des donations qui subsistent d'elles-mêmes et qui sont
d'ailleurs conformes à la coutume. »

Il résulte de ce passage que la réserve coutumière faisait
partie de la succession *ab intestat,* d'où plusieurs conséquences :
1° La réserve ne pouvait être recueillie qu'à titre d'héritier ;
2° les héritiers qui étaient appelés à la recueillir en étaient
saisis de plein droit par l'effet de la règle coutumière *le mort*
saisit le vif ; 3° elle appartenait collectivement à tous les héritiers ; car le titre de succession est un titre universel, d'où il
fallait conclure que, dans le cas de renonciation d'un ou plusieurs réservataires, leur part dans la réserve accroissait aux
autres, *jure non decrescendi.*

Nous ne disons rien du montant de cette réserve qui variait
suivant les coutumes, ou les biens sur lesquels elle portait. Ces
points ne sont, du reste, d'aucune importance dans la question

---

[1] *Traité des successions,* liv. II, chap. 4.

que nous examinons. Nous arrivons maintenant à la réserve du Code Napoléon.

§ 5.

Il résulte bien clairement des articles 913 et 915 du Code Napoléon que, sur le point de savoir si la réserve est un droit de succession *ab intestat*, le législateur moderne a consacré les principes qui régissaient la réserve coutumière.

D'après ces articles, en effet, le patrimoine de toute personne qui laisse des héritiers en ligne directe, se divise de plein droit en deux portions, dont l'une forme la quotité disponible et l'autre la réserve. Cette dernière n'est autre chose que l'hérédité elle-même, moins la quotité disponible. Remarquons, en effet, que le législateur moderne n'a point, comme la novelle 18, comme l'article 298 de la coutume de Paris, déterminé taxativement quelle était la portion de biens que les réservataires auraient le droit de réclamer. Il a suivi un autre procédé. Il permet au père de famille de disposer à titre gratuit d'une certaine quotité de sa fortune; mais, au delà de cette quotité, les pouvoirs du père de famille cessent et commencent les droits de ceux que la loi investit de la qualité d'héritiers réservataires, c'est-à-dire qui doivent toujours obtenir une certaine partie de l'hérédité de leur auteur ou de leur descendant. Comme héritiers ils sont saisis de l'hérédité en vertu de l'article 724 du Code Napoléon, par le seul effet du décès du *de cujus*, soit que le défunt ait fait ou non des dispositions à titre gratuit. Comme réservataires, l'article 921 leur donne le droit de faire réduire à la quotité disponible les libéralités excessives du *de cujus*. Telle est l'économie des articles 913 et 915. Nous pourrions, du reste, invoquer encore à l'appui de notre opinion la substitution du mot *réserve* au mot *légitime*, dont le sens était si bien connu des rédacteurs du Code. Cette substitution ne prouve-t-elle pas une fois de plus que le législateur s'est écarté des principes qui régissaient la légitime pour se rapprocher de ceux qui régissaient la réserve coutumière?

On nous opposera peut-être les observations présentées par le tribunal sur la rédaction de l'article 921 et le changement que cet article a subi à la suite de ces observations.

Le Conseil d'État avait admis, dans la séance du 5 ventôse

an XI, que les créanciers héréditaires pourraient exercer leurs actions sur les biens que la réduction des donations entre-vifs rendrait aux héritiers à réserve. Lors de la séance du 24 germinal an XI, il revint sur cette décision en déclarant dans l'article 921 que les créanciers du défunt ne pourraient ni demander la réduction des donations entre-vifs, ni en profiter. Cette nouvelle disposition fut adoptée sur la demande du Tribunat, qui s'était fondé, il est vrai, pour la faire admettre, sur ce que l'action en réduction est un droit purement personnel, compétant à l'enfant en cette seule qualité, abstraction faite de celle d'héritier qu'il peut prendre ou non.

Mais il paraît certain que le conseil d'État, en adoptant cette nouvelle disposition, s'était décidé moins par les motifs que le tribunat avait fait valoir, que par cette raison péremptoire présentée par Tronchet; que si les créanciers étaient admis à se venger sur les biens recouvrés par la réduction des donations entre-vifs, ils profiteraient au détriment des héritiers à réserve du droit qui n'est introduit qu'en faveur de ces derniers [1].

Arrivé à ce point, nous croyons pouvoir, avec MM. Aubry et Rau [2], donner de la réserve la définition suivante : la réserve est le droit héréditaire des parents en ligne directe, en tant qu'il est garanti jusqu'à concurrence d'une certaine quotité de biens contre les libéralités de la personne à la succession de laquelle ils sont appelés par la loi.

§ 8.

Si les principes que nous venons d'exposer sur la réserve sont les vrais, la question de savoir si le donataire en avancement d'hoirie qui a renoncé à la succession pour s'en tenir à son don, peut retenir ce don jusqu'à concurrence tout à la fois et de la quotité disponible et de sa part dans la réserve, doit se résoudre d'elle-même et la négative paraît évidente. En effet, si la réserve est attribuée au réservataire en sa qualité d'héritier et non parce qu'il est le descendant ou l'ascendant du *de cujus,* la renonciation de ce réservataire doit lui faire perdre

[1] Locré, *Législ.*, XI, p. 182 à 196, nos 7 à 10; p. 310 à 312, n° 19; p. 337 et 338, nos 6 et 7.

[2] T. V, p. 544, § 679.

1.

tout droit à cette réserve, comme la renonciation de tout autre héritier lui fait perdre tout droit à l'hérédité. Mais avant d'exposer cette théorie avec plus de détails, nous croyons qu'il sera utile et intéressant de parcourir les différentes phases de la jurisprudence sur cette question et de voir comment la Cour de cassation, après avoir une première fois dans une décision très-remarquable connue sous le nom de *l'arrêt de Laroque de Mons*, décidé la négative, s'est trouvée amenée à se déjuger après vingt-cinq ans d'une jurisprudence constante et bien établie.

Notre question se présenta pour la première fois devant les tribunaux dans les circonstances suivantes.

Arrêt de Laroque de Mons.

Madame veuve Laroque de Mons avait fait à son fils, M. Pierre de Laroque, par contrat de mariage une donation considérable de biens présents. Le 2 décembre 1808, madame de Laroque, mère, meurt laissant six enfants. Cinq de ces derniers acceptent la succession; M. Pierre de Laroque y renoncé et demande à conserver la quotité disponible plus une part d'enfant, c'est-à-dire un quart du tout, plus un sixième des trois quarts restants.

Le 29 août 1814, jugement du tribunal civil de Périgueux, qui accorde seulement à l'enfant donataire le quart disponible, par le motif assez mal trouvé à la vérité « *que la donation n'avait pas été faite par préciput.* »

Appel de ce jugement devant la Cour royale de Bordeaux.

Par arrêt du 30 janvier 1816, la Cour confirme le jugement, mais par ce nouveau motif : « *Que l'étendue du droit de rétention de l'enfant renonçant était déterminée par l'art. 845 du Code civil, et que les trois quarts réservés por la loi appartiennent aux enfants qui acceptent la succession par l'effet de l'accroissement résultant de la renonciation du donataire.* »

Pourvoi en cassation.

Le demandeur était défendu par M. Loiseau, dont le mémoire est rapporté en partie au recueil de Sirey. Il s'appuyait en outre sur une consultation de Proudhon, rapportée au même recueil.

Les défendeurs avaient pour avocat M. Sirey.

Le rapporteur, à la chambre civile, était M. le conseiller Poriquet, le même que la commission Jacqueminot, à qui est

— 11 —

dû l'art. 845, a cité comme étant au nombre des jurisconsultes qui avaient aidé la commission dans ses travaux[1].

M. Cahier, avocat général, concluait à la cassation contrairement au rapport.

Mais la Cour, par son arrêt du 18 février 1818, rejeta le pourvoi.

« Considérant, dit la Cour, qu'il résulte de la combinaison et du rapprochement des divers articles du Code civil relatifs à la légitime des enfants, et notamment des art. 785, 786, 843, 844, 858, 859, 913, 917, 920, 921, 924, 1004, 1006, 1009, etc., que la loi divise en deux portions distinctes les biens des père et mère, laissant l'une à leur disposition et réservant l'autre aux enfants pour leur légitime;

« Que la quotité de la première est invariablement fixée par le nombre des enfants existants au moment du décès du disposant;

« Qu'elle est toujours la même, soit qu'il ait disposé, à titre universel ou particulier, en faveur d'étrangers ou de ses enfants, et en faveur de ceux-ci, avec préciput ou hors part et sans dispense de rapport;

« Qu'elle est la seule dont il puisse avantager l'un de ses enfants en la lui donnant expressément par préciput et hors part;

« Qu'enfin, lorsque ses libéralités excèdent cette quotité disponible, elles sont, sur la demande de ceux qui ont droit à la réserve, sujettes à réduction ou à rapport, et que cet excédant fait nécessairement partie de sa succession réservée aux enfants pour leur légitime;

« Que cette deuxième portion des biens des père et mère est assurée à tous les enfants collectivement, et leur est donnée en qualité d'héritiers, pour être partagée entre eux également, ainsi que la portion disponible le serait si les père et mère n'en avaient pas disposé, ou n'en avaient disposé qu'au profit d'un ou de plusieurs enfants, sans les dispenser du rapport;

« Qu'à ce titre d'héritiers ils sont saisis collectivement de tous les biens et actions du défunt, et investis du droit de former contre tous les donataires, sans distinction, la demande en réduction des donations qui excèdent la portion disponible;

« Que ceux d'entre eux qui renoncent sont censés n'avoir jamais été héritiers, et que la part qu'ils auraient eue en cette qualité accroit à leurs cohéritiers pour le tout sans y distinguer la partie des biens existant en nature au jour du décès, de celle comprise dans des donations faites à des étrangers ou aux enfants renonçants et sujettes à retranchement pour ce qui excède la portion disponible. En telle sorte que si l'un des enfants restait seul héritier, il aurait aussi seul droit à la totalité de la légitime ou réserve légale, et que si l'enfant veut renoncer pour s'en tenir à son don, il le peut, soit que le don lui ait été fait par préciput ou sans dispense de rapport, à titre universel ou autrement, mais qu'alors et comme donataire il ne peut jamais profiter que de la portion disponible;

« Que toutes ces dispositions du Code relatives à la faculté donnée aux

---

[1] Fenet, t. I, p. 330.

pères et mères de disposer d'une portion de leurs biens, et à la nécessité pour les enfants d'être héritiers pour conserver leur part dans la réserve légale qui, par l'effet de la renonciation, accroîtrait pour le tout à leurs cohéritiers, sont claires, concordantes entre elles et conçues en termes généraux qui n'admettent ni distinction ni exception;

« Qu'en vain, pour en éviter l'application, voudrait-on, en torturant les expressions de quelques-uns des articles du Code, prétendre que le législateur a permis aux enfants de prendre ou au moins de retenir une partie des biens de leurs pères et mères autrement qu'à l'un des deux titres de donataires ou d'héritiers;

« Que cette faculté est contraire au système général de la législation nouvelle et n'est écrite nulle part;

« Qu'elle ne résulte, quoiqu'on l'ait supposé, ni de l'article 921, qui interdit à la vérité aux donataires légataires ou créanciers du défunt le droit de demander la réduction des donations entre-vifs, mais qui ne dit pas que les enfants pourront partager la portion excédant la quotité disponible sans être héritiers; ni de l'article 924, qui, conformément au droit établi pour les rapports à faire entre cohéritiers par les articles 858 et 859, autorise le donataire successible à retenir sur les biens donnés sa part dans les biens indisponibles, mais qui, loin de l'y autoriser lorsqu'il cesse d'être héritier, ne lui donne cette faculté que lorsqu'il y a dans la succession des biens de même nature, ce qui signifie bien clairement s'il vient à partage avec ses cohéritiers;

« Qu'en vain encore voudrait-on argumenter de ce qui aurait eu lieu si la succession de la dame de Mons avait été régie par les principes de la législation antérieure à la publication du Code civil;

« Qu'il est vrai qu'alors, dans les pays même où il fallait être héritier pour demander la légitime (coutume de Paris et autres semblables), on décidait que l'enfant donataire pouvait, en renonçant à la succession pour s'en tenir à son don, retenir sa légitime sur les biens dont il avait été saisi par la donation, et conserver en outre tout ce qui excédait la légitime due à ses frères et sœurs;

« Qu'il devait en effet en être ainsi, lorsque, d'un côté, la légitime étant considérée comme une dette, une portion alimentaire due par les père et mère à leurs enfants, on pouvait supposer qu'en leur faisant une donation ils avaient pour but principal de se libérer de cette dette, de même que les enfants en l'acceptant avaient voulu sans doute l'imputer sur ce qui leur était dû; lorsque, d'un autre côté, la quotité dont il était permis de disposer, soit au profit d'étrangers, soit en faveur d'enfants, n'étant pas limitée, la donation, à quelque somme qu'elle montât, n'était sujette à retranchement que jusqu'à concurrence de ce qui était nécessaire pour fournir à chacun des enfants sa légitime personnelle; lorsque enfin la légitime de l'enfant qui renonçait profitait au donataire universel et n'était pas dévolue par droit d'accroissement aux cohéritiers du renonçant;

« Mais que les principes de cette ancienne législation sont évidemment inconciliables avec ceux du Code civil, qui, au lieu de ne donner à chacun des enfants pour sa légitime qu'une créance personnelle affectée sur les biens, leur donne à tous, collectivement, la succession tout entière, veut qu'ils n'y aient part qu'en qualité d'héritiers, et que s'ils renoncent à la succession pour s'en tenir à leur don, ce don reste fixé, pour eux comme pour les étrangers à la quotité déclarée disponible, et qui, par l'article 845, bornant à cette quotité ce que l'enfant qui renonce a le droit de retenir, annonce bien clairement qu'il ne peut en même temps retenir aucune partie de la réserve légale. »

Cet arrêt si conforme aux vrais principes devait fixer et fixa en effet la jurisprudence pour longtemps, non pas cependant sans quelques dissidences.

Dans le sens de l'arrêt de 1818, nous trouvons, à une époque assez rapprochée de celle où il a été rendu, les arrêts suivants : Toulouse, arrêt du 17 juin 1821 [1]; Grenoble, 22 janvier 1827 [2] et 22 février 1827 [3]. Cependant, dans ces deux dernières espèces, nous ne trouvons déjà plus dans toute sa pureté la doctrine de l'arrêt Laroque de Mons.

La Cour de Grenoble décide que le donataire à titre d'avancement d'hoirie, s'il n'est en concours avec aucun donataire préciputaire et s'il renonce à la succession, doit retenir tout l'effet de la donation jusqu'à concurrence de la quotité disponible (art. 845).

Mais la retenue ne doit porter sur la quotité disponible qu'autant que sa portion de réserve est moindre que la quotité disponible : dans ce cas il doit retenir d'abord sa portion de la réserve légale comme il l'eût fait à titre d'héritier et y joindre à titre de donataire une quotité de don telle qu'en la joignant à sa portion de réserve il se trouve avoir l'équivalent de l'entière quotité disponible.

La Cour de Grenoble justifie sa manière de décider par le motif suivant :

« Attendu que le législateur ne s'étant pas expliqué sur les éléments qui composent la part à retenir dans la succession répudiée, il est du devoir du juge de les indiquer en consultant l'économie générale de la loi et en adoptant ceux dont l'emploi offre le moins d'inconvénients dans la pratique. »

Nous ne voulons pas, quant à présent, apprécier le mérite de cette théorie; qu'il nous suffise de dire en passant que ces arrêts semblent être les précurseurs des arrêts Mourgues et

[1] Sir., 1822, 2, 102.
[2] Sir., 1827, 2, 95.
[3] Sir., *ibid.*

Castille qui ont si puissamment contribué au revirement de la jurisprudence de la Cour de cassation.

V. encore Bastia, 21 juillet 1827 [1].

Cet arrêt, tout en décidant comme la Cour de cassation en 1818, que le renonçant ne peut retenir le don que jusqu'à concurrence de la quotité disponible, décide encore une autre question que nous ne ferons qu'indiquer en passant.

L'arrêt, tout en reconnaissant au renonçant le droit de retenir le don jusqu'à concurrence de la quotité disponible conformément à l'article 845, ne le fait que pour autant que la quotité disponible est restée dans la succession ; dans le cas contraire, c'est-à-dire si le renonçant se trouvait en présence d'un donataire préciputaire de la quotité disponible, sa renonciation sous condition de conserver le don reste sans effet comme étant faite sous une condition impossible, le donataire continue à être héritier et à rester soumis aux charges de l'hérédité. (V. enfin dans le sens de l'arrêt de 1818, Limoges, 14 décembre 1832 [2]; Grenoble, 30 juillet 1832 [3]; Orléans, 5 décembre 1842 [4]).

En sens contraire de l'arrêt de 1818, nous trouvons à la même époque les arrêts qui suivent :

Toulouse, 7 août 1820 [5]; Paris, 31 juillet 1821 [6]; Toulouse, 17 août 1821 [7]; Bordeaux, 14 juillet 1837 [8]; Montpellier, 18 décembre 1835 [9]; Caen, 25 juillet 1837 [10].

Malgré les quelques arrêts que nous venons de citer et qui, contrairement à la Cour de cassation, se prononçaient en faveur du cumul de la réserve et de la quotité disponible, la jurisprudence de la Cour de cassation de 1818 semblait bien établie et l'on ne pouvait certainement pas prévoir qu'elle se condamnerait elle-même après avoir si nettement posé la doc-

---

[1] Sir., 1828, 2, 52.
[2] Sir., 32, 2, 193, conf. à Bastia.
[3] Sir., 32, 2, 531, conf. à l'arrêt de 1818.
[4] Sir., 46, 2, 1.
[5] Sir., 22, 2, 296, et 22, 2, 66.
[6] Sir., 22, 2, 104.
[7] Sir., 22, 2, 141.
[8] Sir., 37, 2, 434.
[9] Sir., ibid.
[10] Sir., 37, 2, 436.

trine sur la réserve du Code Napoléon et réfuté si victorieuse-
ment ceux qui ne voulaient voir dans notre réserve actuelle
que la légitime des pays de droit écrit, ou la légitime de droit
des pays de coutume. Ce changement dans la jurisprudence
de la Cour de cassation ne s'est pas opéré sans transition, ni
peut-être sans quelque malentendu. L'arrêt du 17 mai 1843 a
été amené par deux décisions, l'une de 1829, l'autre de 1834,
qui, sans trancher précisément notre question dans un sens
ou dans l'autre, ont eu à se prononcer sur des difficultés qui
ont quelque parenté avec celle qne soulève l'article 845.

Dans les espèces de 1829 et de 1834, il ne s'agissait pas de
savoir si le donataire renonçant peut retenir à la fois la part
dans la réserve et la quotité disponible. D'autres intérêts
étaient en jeu. C'étaient des donataires étrangers, c'étaient des
héritiers donataires ou légataires par préciput qui venaient
soutenir contre les héritiers acceptants que le don que le renonçant pouvait retenir en vertu de l'article 845 devait *s'imputer* d'abord sur la réserve et pour le surplus seulement sur
la quotité disponible, de manière que les libéralités dont ils
avaient, eux, été gratifiés, pussent s'exercer sur la partie de la
quotité disponible que ce mode d'imputation laisserait libre.

Les demandeurs soutenaient que l'enfant doté le premier
par avancement d'hoirie ne doit pas pouvoir, par le seul effet
de sa volonté, détruire l'effet de la volonté paternelle en renonçant à la succession. Du reste, ajoutaient-ils, n'y aurait-il
pas le plus souvent un pacte secret entre le renonçant et ses
frères et sœurs non dotés pour écarter l'étranger donataire ?

C'est dans ces circonstances que sont intervenus les arrêts
Mourgues [1] et Castille [2]. Nous rapportons ces deux décisions
pour montrer comment, de déviation en déviation, la Cour de
cassation est arrivée à se déjuger définitivement.

Arrêt Mourgues.

En 1809, le sieur Mourgues marie sa fille Élisabeth au sieur
Bonnet et lui fait une donation de 20,000 francs en avancement d'hoirie.

[1] 11 août 1829 ; Sir., 29, 1, 197.
[2] 24 mars 1834 ; Sir., 34, 1, 145.

En 1815, il lègue la portion disponible de ses biens à Ferdinand Mourgues, son fils.

Il meurt et laisse trois héritiers : Élisabeth, femme Bonnet, Ferdinand Mourgues et Angélique, fille non dotée.

Élisabeth renonce à la succession pour s'en tenir à son don. Elle ne veut retenir que la quotité disponible, et n'élève aucune prétention sur la réserve.

Ferdinand et Angélique reconnaissent qu'elle peut retenir les 20,000 francs, s'ils n'excèdent pas la portion disponible.

Élisabeth est hors de cause, le procès ne s'élève qu'entre Ferdinand et Angélique.

Angélique soutient qu'Élisabeth emportant la quotité disponible en vertu de l'article 845, le legs fait à Ferdinand est caduc faute de biens disponibles. Ferdinand soutient que son legs doit sortir son effet ; qu'Élisabeth doit imputer sa retenue sur sa propre réserve ; que de cette manière elle épuiserait d'autant moins la quotité disponible, et qu'Angélique n'a droit qu'à sa réserve.

Ferdinand gagne son procès par arrêt de la Cour de Montpellier[1]. La Cour réformant déclare :

« Que la donation en avancement d'hoirie faite à la dame Bonnet doit être imputée sur la part successive qui lui revient comme enfant dans la réserve, et que l'excédant de ladite donation, s'il y en a, doit être imputé sur la portion disponible ; ordonne que cette quotité sera attribuée audit Ferdinand Mourgues, en totalité si la donation n'excède pas la portion successive, et pour tout ce qui restera de cette quotité si elle l'excède. »

Ce n'est pas dans la loi même que la Cour de Montpellier avoue avoir trouvé sa raison de décider, bien au contraire : « Lorsque l'intelligence de la loi présente des difficultés, est-il dit dans l'arrêt, il est du devoir du juge de remonter jusqu'aux vues qui l'ont inspirée, de consulter l'ensemble de ces dispositions, de prévoir les conséquences de ses interprétations diverses, et de se décider pour celle qui paraît être la plus conforme à l'esprit de la loi et la plus digne de la sagesse des législateurs. »

Pourvoi.

M. Lebeau, avocat général, concluait à l'admission ; mais la Cour :

[1] 17 janv. 1828 ; Sir., 28, 2, 117.

« Attendu qu'il est constant que la constitution de dot faite par Mourgues à la dame Bonnet, sa fille, était un avancement d'hoirie ;

« Attendu que l'avancement d'hoirie n'est qu'une remise anticipée de la part que l'enfant ainsi doté est appelé à recueillir dans la succession de son père ;

« Attendu que l'enfant qui accépte cette constitution dotale ne peut en changer ni la nature, ni la cause, ni les effets, et qu'elle est toujours imputable sur l'hoirie au moment de l'ouverture de la succession dont elle est une portion puisqu'elle a été constituée à ce titre par l'auteur commun ;

« Attendu que la renonciation à la qualité d'héritier, faite par l'enfant doté en avancement d'hoirie, n'est pas un acte déterminé et d'abandon pur et simple ;

« Que si elle ne le prive pas du droit de conserver sa dot sans être obligé d'en faire le rapport effectif, ce n'est pas un obstacle à ce que cette dot ne soit, à l'égard de l'hérédité, rapportable fictivement et imputable d'abord sur la part à laquelle la qualité d'enfant donnerait à celui qui a été doté droit dans la réserve légale et subsidiairement seulement sur la quotité dont le père avait la libre disposition ;

« Attendu que s'il en était autrement, il dépendrait toujours de l'enfant doté en avancement d'hoirie de rendre illusoires, par sa renonciation concertée, les dons que le père aurait faits de la portion disponible ;

« Qu'ainsi, en jugeant que la donation en avancement d'hoirie faite à la dame Bonnet devait être imputée d'abord à la part à laquelle sa qualité d'enfant lui donnait droit dans la réserve légale, et ensuite dans le cas où sa constitution dotale excéderait sa part sur la quotité disponible, l'arrêt attaqué a concilié le texte et l'esprit des divers articles du Code invoqués, avec le respect dû à l'irrévocabilité des conventions et au droit dont le père ne s'était pas dépouillé de donner la portion disponible ; — Rejette. »

Arrêt Castille.

Cet arrêt, comme le précédent, ne tranche qu'une question d'imputabilité. Voici les circonstances dans lesquelles il intervint.

M. le comte de Castille, en mariant sa fille, madame Duroure, lui avait fait une donation de 100,000 francs, à prendre sur les biens qu'il laisserait à son décès. Il avait aussi érigé un majorat que, par son testament, il légua par préciput et hors part à son fils aîné. Il laissa en mourant plusieurs enfants, parmi lesquels des mineurs. Madame Duroure renonça à la succession pour retenir son don de 100,000 francs.

Le tribunal d'Uzès décida que la quotité disponible étant épuisée totalement par le majorat et par les dispositions testamentaires, la dame Duroure ne pouvait retenir que la réserve légale sur la donation.

BIBLIOTHÈQUE NATIONALE

1..

Mais la Cour de Nimes, par arrêt du 19 août 1830, proscrivit l'imputation du don de l'enfant renonçant sur sa réserve.

« Des dispositions aussi claires, aussi explicites que celles de la loi, dit la Cour de Nimes, doivent fermer la porte à toutes ces interprétations subtiles à l'aide desquelles, *sous prétexte de chercher l'esprit de la loi*, on donnerait à la faculté de disposer une extension que la loi lui a formellement déniée, et l'on mettrait la volonté des tribunaux à la place de la volonté du législateur.

Pourvoi.

« La Cour, vu les articles 845 et 919 du Code civil ;

« Attendu que la loi appelle, en principe général, tous les enfants à succéder à leur père par portions égales ;

« Que néanmoins elle autorise le père à disposer d'une quotité déterminée de sa succession, soit en faveur d'un de ses enfants, soit en faveur des étrangers, sans toutefois que la réserve légale de l'enfant puisse être jamais entamée ;

« Que si toute disposition faite par un père en faveur d'un étranger doit être imputée sur la quotité disponible, puisque cet étranger n'a aucun droit à prétendre dans la succession du donateur, il en est autrement du don que le père fait à l'un de ses enfants ;

« Qu'en effet le père peut disposer en faveur de ses enfants, soit en avancement d'hoirie en lui faisant la remise et la délégation anticipée de tout ou partie de sa portion dans la réserve légale, soit en lui donnant tout ou partie de la portion disponible ;

« Que le partage égal étant l'ordre de succession établi par la loi, tous les dons faits purement et simplement par le père à ses enfants sont réputés être faits en avancement d'hoirie ;

« Que le père n'est censé avoir disposé de la quotité disponible qu'autant qu'il a fait connaître sa volonté d'une manière expresse, et que cette volonté résulte manifestement de ses dispositions ;

« Que dans toute autre supposition, le don en avancement d'hoirie, sans clause de préciput ni dispense du rapport, n'enlevant pas au père la faculté de disposer de la quotité disponible, il en résulte que, si depuis ce don le père a légué la quotité disponible par préciput à un autre enfant, le premier donataire peut bien renoncer à la succession paternelle, mais la renonciation ne peut changer la nature du don qui lui a été fait, et n'aura d'autre effet que de lui donner le droit de retenir ou de recevoir ce qui lui a été donné d'abord en sa qualité d'enfant qu'il ne peut ni perdre ni abdiquer sur la part qui lui aurait appartenu dans la réserve légale s'il n'eût pas renoncé, et subsidiairement s'il y a lieu sur la quotité disponible, afin que la réserve légale de ses frères et sœurs ne soit pas entamée ;

« Que c'est ce qui résulte de la combinaison de l'article 845 du Code civil, placé au titre des Rapports, et de l'article 919 du même Code, au titre de la Quotité disponible, et qui règlent spécialement la matière ;

« Que, dans l'espèce, la Cour de Nimes a fait prévaloir sur la volonté du comte de Castille, manifestée dans son testament, la renonciation de la dame Duroure, sa fille ;

« Qu'au lieu de se borner à maintenir celle-ci en l'intégralité du don qui lui avait été fait par son contrat de mariage, et de déclarer à cet effet que la valeur en serait perçue d'abord sur la partie de la réserve légale qui lui aurait appartenu si elle n'avait pas renoncé et subsidiairement en cas d'insuffisance sur la quotité disponible dont le comte de Castille avait ultérieurement disposé, l'arrêt attaqué a décidé que les 100,000 francs donnés à la dame Duroure par son contrat de mariage seraient exclusivement pris sur la quotité disponible, et que la portion héréditaire de cette donataire accroîtrait à ses frères et sœurs en vertu de sa renonciation ; qu'en ce faisant l'arrêt attaqué a ouvertement violé les dispositions de l'article 919 du Code civil, et faussement appliqué celles de l'article 845...; — Casse. »

Les deux arrêts que nous venons de rapporter ne se sont pas, on le voit, prononcés sur les questions du cumul. Ils n'avaient, comme nous le disions, à trancher qu'une question d'imputabilité. Ils ont décidé que lorsque l'héritier donataire renonçant se trouve en présence d'héritiers donataires ou légataires par préciput, ou de donataires et légataires étrangers, la donation en avancement d'hoirie que l'héritier renonçant peut retenir en vertu de l'article 845, doit s'imputer sur la part qu'il aurait eue dans la réserve s'il n'avait pas renoncé, et non pas sur la quotité disponible qui ne peut être enlevée par l'effet de la volonté de l'héritier renonçant, ou peut-être par une renonciation concertée entre le renonçant et ses cohéritiers, à ceux auxquels le défunt l'a attribuée par l'effet de sa volonté clairement manifestée, et en vertu du droit que la loi lui accordait d'en disposer.

Sur la question spéciale du cumul, la jurisprudence de la Cour de cassation restait donc encore ce qu'elle avait été en 1818.

Ce n'est qu'en 1843, le 17 mai [1], que la Cour suprême dans l'arrêt Leproust Navereau, a franchement décidé que le donataire renonçant peut retenir à la fois sa part dans la réserve, et de plus la quotité disponible.

Arrêt Leproust Navereau.

La veuve Leproust Navereau avait donné à deux de ses enfants, Louis et Clément, 950 francs en avancement d'hoirie.

[1] Sir., 43, 1, 689.

Elle meurt et laisse quatre enfants. Les deux donataires renoncent tous deux à la succession maternelle.

Ils sont assignés en rapport par Isidore et Agathe, enfants non dotés.

Louis prétend retenir sur les 950 francs et sa part de réserve et la portion disponible.

Jugement du tribunal d'Angers qui décide que : « Louis Leproust ayant renoncé à la succession de sa mère, était censé n'avoir jamais été héritier, qu'il ne pouvait dès lors prétendre à aucun des droits attachés à cette qualité.

« Que la réserve ou légitime des enfants fait partie de ces droits, et qu'elle ne leur est due qu'autant qu'ils ne renoncent pas à la succession de leurs auteurs.

« La Cour confirme le jugement du tribunal. »

Louis Leproust se pourvoit en cassation et soutient que la jurisprudence de 1818 avait été détruite en 1834 par l'arrêt de Castille.

Ce système fut consacré par arrêt de la Cour de cassation, du 17 mai 1843. Voici le texte de cet arrêt.

« Attendu que le père de famille ne peut entamer la réserve au préjudice de ses enfants ;

« Que s'il a disposé en faveur de l'un d'eux, la renonciation de celui-ci à la succession paternelle, pour s'en tenir à la donation à lui faite, n'a d'autre résultat que de lui donner le droit de retenir, dans les limites de la loi, ce qui lui a été donné, mais que par là il n'abdique pas sa part dans la réserve légale, à laquelle sa qualité lui donne droit ;

« Que cela résulte de la combinaison des articles 845 et 919 du Code civil ;

« D'où il suit qu'en décidant que l'enfant donataire qui renonce à la succession paternelle perd sa légitime parce qu'il n'est plus héritier, l'arrêt attaqué a violé les lois précitées... ; — Casse. »

Nous nous abstenons pour le moment de toute critique, nous reviendrons plus bas sur les motifs de cette décision pour en apprécier la valeur.

A partir de l'arrêt Leproust Navereau, la Cour de cassation eut à se prononcer encore plusieurs fois sur la question du cumul, et elle resta fidèle à sa dernière jurisprudence. Nous allons rapporter successivement ses quatre arrêts de 1846, 1848, 1854 et 1856 [1].

[1] Voy. encore : Cass., 23 juillet 1856 ; Sir., 57, 1, 10. — Cass., 23 juin 1857 ; Sir., 57, 1, 572. — Cass., 25 juin 1859 ; Sir., 60, 1, 812.

Arrêt Lecesne.

La dame Lecesne, donataire de son père par contrat de mariage, renonce à la succession paternelle et prétend retenir sa part dans la réserve et la quotité disponible. La Cour de Caen, par arrêt du 5 août 1845 [1], ne lui reconnaît que le droit de retenir la quotité disponible.

Pourvoi. Arrêt du 11 juillet 1846 [2].

« Vu les articles 843, 845, 919, 921 et 922 du Code civil;

« Attendu qu'aux termes de l'article 845 du Code civil, l'héritier qui renonce à la succession peut retenir le don à lui fait jusqu'à concurrence de la quotité disponible, laquelle, d'après l'article 919 du même Code, peut être donnée aux enfants du donateur, est tout ce que la loi ne réserve pas à ses héritiers;

« Attendu que le droit de demander la réduction des dispositions à titre gratuit, consacré par l'article 922 du même Code, en faveur de ceux au profit desquels la loi fait la réserve, a pour but d'assurer à chacun de ceux-ci sa part dans ladite réserve, laquelle, aux termes de l'article 913 du même Code, en cas de succession directe descendante, est fixée d'après le nombre des enfants du donateur, existants au jour du décès;

« Attendu qu'il ne s'agit pas d'attribuer à la demanderesse qui renonce à la succession de son père, le droit de prendre sa réserve sur les biens de la succession dans laquelle ladite demanderesse ne réclame rien;

« Que si, aux termes de l'article 786 du Code civil, la part du renonçant accroît à ses héritiers, c'est seulement la part du renonçant dans la succession;

« Que le bien donné n'est pas dans la succession;

« Qu'il ne doit y être fictivement réuni que pour déterminer la part de chacun dans la réserve;

« Que l'enfant donataire qui renonce à la succession de son père donateur n'est pas tenu de subir la réduction d'une donation irrévocable de sa nature, pour faire profiter de cette réduction les héritiers de son père au delà de leur part dans la réserve légale;

« D'où il suit qu'en décidant que la demanderesse ne pourra pas, sur les avantages à elle faits, retenir son quart dans la réserve, l'arrêt attaqué a faussement appliqué les art. 786 et 845 du Code civil, et expressément violé tant le dernier article que les art. 919 et 921 du même Code; — Casse. »

Arrêt Vien.

Le sieur Bertrand avait constitué 5,000 francs en dot à sa fille lors de son mariage avec le sieur Vien, et plus tard il lui avait fait donation de plusieurs immeubles, le tout sans dispense de rapport.

Postérieurement, il lègue à son fils la quotité disponible

[1] Sir., 46, 1, 58.
[2] Sir., 46, 1, 825.

obligeant expressément sa fille au rapport de tout de tout ce qu'il lui avait donné.

Il meurt laissant pour héritiers sa fille et son fils.

Sa fille meurt peu de temps après sans avoir pris qualité ; elle avait institué son mari légataire universel.

Celui-ci renonce à la succession de son beau-père et prétend retenir les deux tiers de sa succession, un tiers comme représentant la réserve légale de sa femme, un autre tiers représentant la portion disponible.

Les prétentions du sieur Vien ne prévalurent ni devant le tribunal, ni devant la Cour de Grenoble, mais la Cour de cassation [1], fidèle à la doctrine de 1843, l'autorisa à retenir la réserve et la quotité disponible, et réduisit le fils légataire de la quotité disponible à la réserve légale.

Voici les motifs de l'arrêt :

« Attendu, en droit, que du principe écrit dans l'article 785 du Code civil, que l'héritier qui renonce est censé n'avoir jamais été héritier, résultent deux conséquences : la première reconnue par l'article 786, que la part des biens que la loi avait attribuée au renonçant accroît d'autant la part des héritiers qui acceptent ; la deuxième consacrée dans les articles 845, 919 et 921 combinés, que si le renonçant a reçu des biens par donation entre-vifs, son droit de rétention sur lesdits biens s'étend jusqu'à concurrence de la valeur qui n'est pas nécessaire pour fournir aux héritiers acceptants leur part personnelle dans la réserve calculée sur les bases de l'article 913 ou de l'article 915, c'est-à-dire jusqu'à concurrence à la fois de la quotité disponible et de la portion que le renonçant aurait prise dans cette réserve s'il eût accepté la succession ;

« Attendu qu'en attribuant au défendeur les deux tiers de la succession de son père, savoir : un tiers pour sa part héréditaire, l'autre tiers pour droit d'accroissement qui résulterait en sa faveur de la renonciation de son cohéritier, et en bornant pour celui-ci le droit de retenir les biens donnés à la valeur uniquement du dernier tiers, comme étant la portion disponible fixée par l'article 913, à raison de ce que le père, à son décès, avait laissé deux enfants pour héritiers, l'arrêt attaqué a faussement appliqué les articles 786 et 845 du Code civil, et expressément violé le dernier article et les articles 919 et 921 du même Code ; — Casse. »

Arrêt Carlier.

Le sieur Levavasseur avait donné à quatre de ses filles, les dames Levavasseur, Carlier, Dautier et Fiquet, une dot de 20,000 francs ; il avait gratifié son fils Octave d'un don de 3,500 francs.

[1] Civ. cass., 21 juin 1848 ; Sir., 49, 1, 172.

Il meurt et laisse sept enfants, deux fils Octave, et Henri, et cinq filles, les dames Levavasseur, Carlier, Dautier, Fiquet et Jassy.

La succession du sieur Levavasseur se composait uniquement des dons qu'il avait faits à ses enfants, elle s'élevait par conséquent à 83,500 francs, la quotité disponible était de 20,875.

Les dames Levavasseur et Carlier renoncent à la succession et prétendent retenir sur les 20,000 francs qui leur avaient été été constitués en dot, leur part de réserve et la quotité disponible.

La Cour d'Amiens [1], par un arrêt remarquablement motivé, condamna ces prétentions.

Mais les dames Levavassenr et Carlier s'étant pourvues en cassation, la Cour [2], après délibéré en chambre du conseil, rendit l'arrêt suivant :

« Sur les premier et deuxième moyens, vu les articles 786, 845, 913, 919 et 921 du Code Napoléon ;

« Attendu que le don en avancement d'hoirie, même sans clause de préciput par un père à l'un de ses enfants, confère à l'un de ces derniers un droit irrévocable, sauf l'obligation du rapport si le donataire accepte la succession, ou l'action en réduction s'il renonce et si la libéralité est excessive ;

« Attendu que l'action en réduction n'appartient qu'à 1 héritier non rempli de sa réserve ;

« Que cette réserve ne reçoit aucune atteinte du cumul par l'enfant donataire renonçant tout à la fois et de la part qu'il y aurait eue et de la quotité disponible qui aurait pu être donnée à un étranger ;

« Que la libéralité de l'auteur commun exécutée dans ces limites n'est pas excessive ;

« Attendu que l'enfant donataire n'a pas besoin d'être héritier pour retenir sa part dans la réserve ;

« Qu'il ne demande rien comme héritier ; qu'il conserve les biens dont il est nanti en vertu d'un titre particulier d'une donation irrévocable non sujette à retranchement et affranchie du rapport par la renonciation ;

« Que la réserve, quoique attribuée collectivement à tous les héritiers, n'en doit pas moins être partagée entre eux dans la proportion de leurs parts viriles ;

« Que chacun d'eux, lorsque cette part lui est assurée, est sans intérêt et dès lors sans droit à quereller d'inofficiosité la donation faite à son cohéritier renonçant ;

[1] 7 décembre 1852 ; Sir., 54, 1, 513.
[2] Civ. cass., 17 juillet 1854 ; Sir., 54, 1, 513.

« Que le seul effet de l'indivision de la réserve est de conférer à chaque réservataire, à l'exclusion de l'héritier institué, le droit de profiter des renonciations par voie d'accroissement, conformément au principe général posé en l'article 786, mais que cet article n'attribue la part du renonçant à ses cohéritiers réservataires ou non, qu'autant qu'elle se trouve encore dans la succession et ne s'applique pas à des biens qui, en ayant été détachés avant son ouverture, ne peuvent plus y rentrer qu'au moyen d'un rapport ou d'un retranchement dans les termes de droit;

« Que, hors de ces deux cas, les biens donnés ne peuvent, aux termes de l'article 922, être réunis fictivement à la masse de ceux existants au décès du donateur, pour calculer la quotité dont il a pu disposer;

« Attendu que l'article 845, placé sous la rubrique des partages et rapports, régit indistinctement toutes les donations faites à des successibles même non réservataires, et ne doit pas être isolé des articles 919, 920, 921 et 922, qui l'expliquent et le complètent dans son application spéciale, au cas d'une donation comprenant tout à la fois la réserve du donataire et la quotité disponible ordinaire;

« Qu'il y aurait une sorte de contradiction à frapper d'indisponibilité, dans les mains d'un père vis-à-vis de ses enfants, les biens réservés à ceux-ci par la loi dont la donation ne fait que prévenir et assurer le bienfait;

« Que cette interprétation est d'ailleurs conforme aux traditions de l'ancienne jurisprudence, tant dans les pays de droit écrit que dans les provinces régies par le droit coutumier, jurisprudence qui s'est établie, par les mêmes motifs, en dehors des différences qui existaient entre la réserve actuelle et l'ancienne légitime, en vue d'étendre, dans une juste mesure, le pouvoir rémunérateur du père de famille, d'empêcher les enfants de changer, par des renonciations calculées, le caractère des remises anticipées qui leur sont faites de la succession de leur auteur, sous forme de dons en avancement d'hoirie;

« Que si cette interprétation peut se prêter quelquefois à des combinaisons contraires à la volonté du disposant, il appartient à celui-ci de les prévenir, par un usage prudent et mesuré, du droit que la loi lui confie;

« D'où il suit que la Cour d'Amiens, en jugeant que les donations des dames Levavasseur et Carlier ne seraient pas imputées sur la part de réserve que celles-ci auraient eue dans la succession de leur père, si elles avaient accepté cette succession, a faussement appliqué les articles 786, 845, 913 et violé les articles 919 et 921 du Code Napoléon ; — Casse. »

Ce dernier état de la jurisprudence de la Cour de cassation est consacré par de nombreux arrêts [1]. Nous espérons toute-

---

[1] V. dans le sens du cumul : Lyon, 22 juin 1843 ; Sir., 44, 2, 289. — Lyon, 13 juin 1844 ; S., 45, 2, 550. — Montpellier, 14 mai 1845 ; Sir., 45, 2, 550. — Paris, 30 février 1846 ; Sir., 46, 2, 62. — Toulouse, 9 août 1845 ; S., 46, 2, 6. — Figeac, jugement, 4 décembre 1845 ; Sir., *ibid.* — Rouen, 29 juin 1847 ; Sir., 47, 2, 572, *aud. solen.* — Rouen, 22 juin 1849 ; Sir., 50, 2, 65 et 67. — Civ. cass., 25 juillet 1859 ; D., 59, 1, 303. — Caen, 29 décembre 1859 ; Sir., 60, 2, 463. — Nimes, 1856 ; Sir., 60, 2, 464.

fois que la Cour suprême n'a pas dit encore son dernier mot sur notre question, et qu'elle prendra en sérieuse considération une série très-respectable de décisions qui se sont écartées de sa dernière manière de voir [1].

Il ne nous reste plus à rapporter qu'un seul arrêt pour terminer cette nomenclature déjà très-longue, mais au moins aussi nécessaire que longue, de décisions judiciaires.

C'est un arrêt de la cour de cassation du 5 mars 1856 [2], qui nous fera connaître la doctrine complète de la Cour de cassation sur notre question. La Cour y décide que si le renonçant peut retenir sur le don à lui fait sa part de réserve et la quotité disponible, il ne peut pas du moins réclamer cette part de réserve par voie d'action, *la qualité de réservataire étant attachée à la qualité d'héritier*.

Cet arrêt de la Cour suprême pourra peut-être nous servir de contre-épreuve à sa manière de voir depuis 1843, sur le point qui nous occupe, et nous doutons que sa dernière doctrine puisse sortir victorieuse de cet examen.

Arrêt Milliat Carus.

Le sieur Vaufreydas père avait constitué en dot à chacune de ses deux filles, les dames Sage et Milliat Carus, une somme de 6,000 francs à la première, de 7,000 à la seconde dont 3,000 francs payables à chacune au décès seulement du donateur. Plus tard, il fit au sieur Vaufreydas, son fils, diverses libéralités qui épuisèrent son patrimoine.

Le sieur Vaufreydas père mourut insolvable. Les dames Milliat Carus et Sage renoncèrent à la succession. Les héritiers de Vaufreydas fils (décédé avant son père), acceptèrent la succession sous bénéfice d'inventaire. Les dames Milliat Carus

---

[1] V. en sens contraire : Rouen, 10 mars 1844; Sir., 45, 2, 242. — Riom, 20 avril 1845; Sir., 45, 2, 289. — Grenoble, 4 août 1845, aff. Vien. — Caen, 4 août, et Dijon, 20 décembre 1845; Sir., 46, 2, 56 et 99. — Grenoble, 15 décembre 1849; Sir., 50, 2, 65. — Nancy, 17 juillet 1849; Sir., 51, 2, 394. — Agen, 26 mars 1853; Sir., 53, 2, 222. — Amiens, 7 décembre 1852; Sir., 54, 1, 513. — Riom, 16 février 1854; Sir., 54, 2, 614. — Bastia, 23 janvier 1855; Sir., 55, 2, 97. — Colmar, 9 février 1858; S., 60, 2, 458. — Paris, 1er mars 1860; Sir., 60, 2, 460. — Agen, 23 mai 1860; S., 60, 2, 461. — Bordeaux, 21 août 1860; Sir., 60, 2, 462. — Bourges, 14 juin 1860; Sir., 60, 2, 460.

[2] Sir., 56, 1, 386.

et Sage poursuivirent contre ces derniers le payement des 3,000 fr. qui restaient dus à chacune d'elles sur les donations à elles faites. Elles soutenaient que ces donations devaient recevoir leur exécution, parce qu'elles étaient renfermées dans les limites tant de la quotité disponible calculée d'après l'ensemble des biens donnés par le sieur Vaufreydas père à ses enfants, que de leur part dans la réserve afférente aux mêmes biens, et elles concluaient à ce que les donations faites à leur frère fussent réduites à la somme qui resterait libre après le retranchement des deux sommes de 3,000 francs par elles réclamées.

Les défendeurs répondirent que les dames Sage et Milliat étaient sans qualité par suite de leur renonciation, pour demander contre eux la réduction de leurs donations.

Jugement du tribunal de Bourgoing, du 28 mars 1854, qui déboute les dames Sage et Milliat de leur demande.

Arrêt de la Cour de Grenoble, du 3 janvier 1855, qui confirme avec adoption de motifs.

Pourvoi. — Rejet. 5 mars 1856.

« Attendu qu'en Cour d'appel les demanderesses n'ont conclu qu'à une réduction des donations faites à Vaufreydas fils, pour parfaire leur réserve et pour obtenir l'exécution des donations à elles faites par l'auteur commun, en avancement d'hoirie ;

« Attendu qu'aux termes des articles 920 et 921 du Code Napoléon, une pareille demande ne peut être admise que de la part de l'enfant qui réclame la réserve ou le complément de sa réserve ;

« Attendu que le droit de *demander* la réserve *n'appartient à l'enfant qu'en qualité d'héritier ;*

« *Qu'aucune disposition du Code ne sépare la qualité d'héritier de celle de réservataire ou de légitimaire ;*

« Attendu que les demanderesses ont renoncé à la succession de l'auteur commun ;

« *Que par cette renonciation elles ont perdu la qualité d'héritier,* et que par suite elles ne peuvent trouver dans les articles 920 et 921 du Code Napoléon un droit pour réclamer leur réserve et beaucoup moins encore un droit pour réclamer leurs donations, l'action en réduction étant formellement refusée par ledit article 921 aux simples donataires ;

« Attendu que l'action des demanderesses n'a pas pour but, comme elles le prétendent, un rapport purement fictif, mais bien un rapport réel d'une partie des sommes données à Vaufreydas fils, pour le payer effectivement sur lesdites sommes de ce qu'elles soutiennent leur être dû ;

« Que le rapport proprement dit, c'est-à-dire le rapport réel n'est dû que de cohéritier à cohéritier, aux termes de l'article 857 du même Code, et que la qualité de cohéritier manque aux demanderesses par l'effet de leur renonciation ;

« Qu'en décidant que les demanderesses n'avaient aucune action contre Vaufreydas fils pour lui faire rapporter à leur profit et payer entre leurs mains une partie des sommes qu'il avait reçues de l'auteur commun, l'arrêt attaqué a sainement appliqué les articles 920, 921, 785 et 857 du Code Napoléon, et n'a violé aucune des autres dispositions du même Code, invoqués par le pourvoi…; — Rejette. »

§ 7.

Le système formulé par la Cour de cassation dans les arrêts que nous venons de transcrire, peut se résumer de la manière suivante : L'art. 845 autorise l'héritier donataire en avancement d'hoirie qui renonce à la succession, à retenir le don à lui fait jusqu'à concurrence de la quotité disponible. Quant à sa part dans la réserve, il la retient en vertu de sa qualité d'enfant. Ses cosuccessibles remplis de leur réserve n'ont plus aucune réclamation à exercer contre lui, car d'une part son titre (la donation) est irrévocable de sa nature, et d'autre part la réserve est dévolue au réservataire pour sa part et portion virile en sa qualité d'enfant, et non pas en sa qualité d'héritier. Du reste, le renonçant qui retient ainsi sa part dans la réserve et la quotité disponible, ne réclame rien dans la succession sur laquelle il a perdu tous ses droits par sa renonciation, il demande simplement à retenir sa réserve en sa qualité d'enfant, et la quotité disponible en vertu de l'article 845, sur des biens qui ne sont plus dans la succession parce qu'ils lui ont été donnés.

Toutefois, s'il peut retenir sa réserve sur les biens qui lui ont été donnés, il ne lui serait pas permis de la réclamer contre ses cohéritiers par voie d'action, parce que sa renonciation lui a fait perdre sa qualité d'héritier, et qu'aucune disposition de loi ne distingue entre la qualité d'héritier et celle réservataire et de légitimaire.

Le simple énoncé de cette doctrine que nous avons résumée avec l'impartialité indispensable à toute discussion sérieuse, fait voir à toute personne qui examinera notre question, sans parti pris, les erreurs dont elle est entachée, et les contradictions qui s'y révèlent.

Dans son arrêt du 11 juillet 1846 (arrêt Lecesne), la Cour de cassation décide que « l'enfant donataire qui renonce à la succession de son père donateur, n'est pas tenu de subir la réduction d'une donation irrévocable de sa nature pour faire profiter de cette réduction les héritiers de son père au delà de leur part dans leur réserve légale. »

Mais, voyons ! Est-il donc vrai que le donataire renonçant ait un titre irrévocable de sa nature ? Quel est ce titre ? Une donation en avancement d'hoirie ; or, loin d'être irrévocable comme la donation faite à un étranger, comme la donation faite par préciput à l'un des successibles, la donation en avancement d'hoirie est soumise *ab initio* à une résolution nécessaire, au rapport ; et ce rapport devrait toujours être effectué, même en cas de renonciation, si l'art. 845 ne venait permettre au donataire renonçant de retenir son don jusqu'à concurrence de la quotité disponible. Loin donc d'être un titre irrévocable, la donation en avancement d'hoirie est de sa nature un titre résoluble, et ce n'est que par une exception introduite en sa faveur, que le donataire renonçant peut retenir le don à lui fait dans une certaine limite.

Mais, disent les partisans du système opposé, et avec eux la Cour de cassation dans son arrêt du 17 mai 1843, la réserve est attribuée au réservataire en sa qualité d'enfant, et non pas en sa qualité d'héritier.

Nous croyons avoir, en commençant, déterminé assez nettement la nature de la réserve, pour n'avoir pas besoin de revenir bien longuement sur ce point.

Pour démontrer que la réserve est un droit de succession *ab intestat* dévolu à tous les réservataires collectivement, et non pas à chaque enfant pour sa part et portion virile en sa seule qualité d'enfant, nous avons invoqué en premier lieu les art. 913 et 915, et nous avons conclu de la division que font ces articles du patrimoine de toute personne en deux portions distinctes, l'une qui est la quotité disponible, l'autre qui est la portion indisponible ou la réserve, que la réserve n'est autre chose que l'hérédité moins la quotité disponible.

Nous avons fait remarquer ensuite que le législateur moderne n'a pas comme la nov. 18 et l'art. 298 de la coutume de Paris, assigné au réservataire une certaine portion de bien purement alimentaire. Qu'il a au contraire déterminé la quotité de biens que toute personne pourrait distraire de son patrimoine pour en gratifier des étrangers ou ses successibles, et que de la partie indisponible il a fait la succession.

Enfin, la substitution du mot réserve au terme légitime dont le sens était si bien connu des rédacteurs du Code, est pour nous une preuve de plus que le législateur moderne s'est écarté des principes qui régissaient la légitime, pour se rapprocher de ceux propres à la réserve coutumière.

Ajoutons que les art. 915, 917, 922 et 930, montrent jusqu'à l'évidence que c'est l'héritier seul qui a le droit de réclamer la réserve par voie d'action.

Ce dernier point à la vérité n'est pas en cause, et nous avons vu la Cour de cassation décider par son arrêt de 1856, que le réservataire renonçant n'a pas le droit de réclamer sa réserve par voie d'action. »

Attendu, dit la Cour, que le droit de demander la réserve n'appartient à l'enfant qu'en sa qualité d'héritier;

Qu'aucune disposition du Code ne sépare la qualité d'héritier de celle de réservataire ou de légitimaire. »

Il faut avouer que nous voilà bien loin de l'arrêt de 1843, où la Cour de cassation avait dit : « *Que par la renonciation l'enfant n'abdique pas sa part dans la réserve légale à laquelle sa qualité lui donne droit* », et de l'arrêt de 1854, où il est dit : « *Que l'enfant donataire n'a pas besoin d'être héritier pour retenir sa part de réserve.* »

Mais si, comme nous le croyons avec la Cour suprême, aucun texte de loi ne sépare la qualité d'héritier de celle de réservataire ou de légitimaire, en vertu de quoi le réservataire renonçant retiendrait-il sa part dans la réserve, puisque de l'aveu de la Cour de cassation elle-même, il perd sa qualité d'héritier par le fait de sa renonciation, et que certes il n'est pas plus héritier lorsqu'il agit par voie de rétention, que lorsqu'il agit par voie d'action. Ce ne sera pas en qualité d'enfant, car la Cour de cassation reconnaît dans son arrêt de 1856, que la seule qualité d'enfant ne donne pas droit à la réserve. Serait-ce peut-être en sa qualité de donataire ; mais tout donataire est de droit soumis à la réduction lorsque la donation à lui faite excède la quotité disponible. Serait-ce enfin parce que la donation en avancement d'hoirie constituerait un titre irrévocable entre les mains de l'héritier renonçant. Mais nous croyons avoir démontré surabondamment que loin d'être irrévocable, la donation en avancement d'hoirie est de sa nature résoluble, et que ce n'est que par une exception introduite en sa faveur que l'héri-

tier renonçant peut en vertu de l'art. 845, retenir son don dans
une limite strictement déterminée, qui est la quotité disponible.

Si ce n'est à aucun de ces titres que le donataire renonçant
peut retenir sa part dans la réserve, à quel titre la retiendrait-
il donc ?

Faut-il dans son intérêt dire avec l'arrêt Lecesne : « que
la quotité disponible, laquelle d'après l'art. 919 du Code Napoléon, peut être donnée aux enfants du donateur est tout ce que
la loi ne réserve pas à ses héritiers? » Si cette définition était
vraie, les mots *quotité disponible* auraient deux sens, celui de
une demie, un tiers, un quart, quand on donne à un étranger
celui de la moitié plus une part d'enfant, celui de un tiers plus
une part d'enfant, celui de un quart plus une part d'enfant,
quand on donne à un enfant même.

Quelle est donc la disposition du Code Napoléon qui permette une pareille distinction? Il n'y en a pas. Et en l'absence
d'une disposition de ce genre, nous sommes fondé à dire :
« *ubi lex non distinguit nec nos distinguere debemus.* »

Que penser enfin de l'objection qui se trouve reproduite dans
les arrêts de la Cour de cassation, et qui consiste à dire que les
successibles remplis de leur réserve n'ont plus aucune action
en réduction à exercer contre le donataire renonçant?

Ici, encore, la réponse est facile, car cette objection ne repose que sur une pétition de principes. Elle suppose que la
réserve n'est point dévolue d'une manière collective aux héritiers à réserve, mais qu'à l'exemple de la légitime, elle est
dévolue d'une manière individuelle à chaque enfant. Nous espérons avoir prouvé le contraire ; aussi nous référant à ce que
nous avons dit sur ce point, nous croyons pouvoir soutenir à
bon droit que les héritiers acceptants sont fondés et bien fondés
à faire réduire à la quotité disponible la retenue du renonçant.
Nous reconnaissons, à la vérité, qu'il ne peut pas être question
de l'action en réduction des art. 920 et 921, puisque nous sup-
posons les héritiers acceptants remplis de leur réserve. Aussi
n'est-ce pas en vertu de ces articles qu'ils viendront faire réduire le donataire renonçant à la quotité disponible, ce sera en
vertu des art. 845 et 786.

Si l'art. 845, en effet, ne se trouvait pas au Code, nul doute
que l'héritier donataire même renonçant ne fût obligé de faire

rentrer dans la masse les biens qui ne lui ont été donnés que sous cette condition. L'art. 845 le dispense de ce rapport, mais jusqu'à concurrence seulement de la quotité disponible. Ses cohéritiers acceptants pourront donc, en vertu de cet article, et quoiqu'ils soient remplis de leur réserve, faire rentrer dans la masse les biens qui excèdent la mesure dans laquelle le renonçant peut retenir son don. Ils ne viendront pas demander leur réserve ou le complément de leur réserve. Ils soutiendront que le donataire renonçant ne peut aux termes de l'art. 845 retenir que la quotité disponible, que ce qui excède cette quotité fait partie de la succession, et comme tel doit y rentrer. Ces biens ainsi retranchés accroîtront à la part des héritiers acceptants en vertu de l'art. 786 qui dit que la part du renonçant accroît à ses cohéritiers.

Le système que nous soutenons ici a pour lui le mérite d'être très-simple, le défaut d'être trop simple suivant les partisans de l'opinion contraire. M. Troplong, notamment, nous apprend [1] que l'argument tiré de l'art. 845 du Code Napoléon, d'après lequel l'enfant qui renonce retient son don jusqu'à concurrence de la quotité disponible, n'a plus aucune portée pour les esprits *sérieux*, tant il a été battu en brèche et pulvérisé dans les discussions qui ont eu lieu devant la Cour de cassation depuis 1834. « Il est évident, en effet, ajoute l'éminent magistrat, que le don en tant qu'il porte sur la partie disponible ne saurait l'excéder. C'est là ce qu'a voulu dire l'art. 845. Mais il ne s'explique pas sur la question de savoir si à la portion disponible l'enfant peut joindre en la retenant la légitime dont il est saisi. »

Nous en demandons bien pardon à M. Troplong, mais l'argument tiré de l'art. 845 ne nous paraît pas déjà tant *pulvérisé* par les discussions qui ont eu lieu devant la Cour de cassation et dans les arrêts qu'elle a rendus depuis 1834, nous ne voyons rien de bien alarmant pour la doctrine que nous soutenons.

D'après les lignes de M. Troplong, que nous venons de citer, ce n'est pas dans l'art. 845 qu'il faut chercher la raison de décider. Où donc la trouverons-nous cette raison ? Est-ce dans les principes de la Cour suprême sur la réserve ? Nous avons vu s'ils sont les vrais.

[1] T. II, p. 407.

Le renonçant dira-t-il, peut-être avec la cour de cassation, que les biens donnés ne se trouvant pas dans la succession, les réservataires acceptants n'ont rien à y prétendre et ne sont pas autorisés à invoquer le droit d'accroissement établi par l'art. 786 ? N'est-ce pas là une nouvelle pétition de principes ? Qu'importe que les biens donnés ne se soient pas trouvés dans la succession à son ouverture, si les réservataires acceptants ont le droit de les y faire rentrer en vertu de l'art. 845 dans une certaine mesure ?

S'appuiera-t-il sur l'art. 919, pour dire que le renonçant n'a pas, par sa renonciation, abdiqué sa part dans la réserve ? La réponse est facile : c'est que l'art. 919 prévoit un cas différent du nôtre, celui où la quotité disponible a été donnée par préciput à un successible. Dans ce cas, il est évident que le successible qui accepte peut cumuler sa part dans la réserve et la quotité disponible en vertu de la volonté du donateur. Mais il ne résulte nullement de cet art. 919 que, contrairement à la volonté du donateur et à l'art. 845 du Code Napoléon, le simple donataire en avancement d'hoirie puisse par sa renonciation s'assurer un pareil avantage.

L'héritier renonçant invoquera-t-il enfin avec M. Ragon les articles 843 et 924? Le professeur de Poitiers vient à la rescousse de la doctrine de la Cour de cassation avec un ouvrage en deux volumes que les jurisconsultes eux-mêmes ne trouveront certes pas trop longs, quoique dans sa préface, l'auteur donne raison à la Cour de cassation contre la doctrine, *en dépit de tout ce qui est jurisconsulte.* M. Ragon pouvait peut-être ajouter en dépit de lui-même, car s'il n'avait pas commencé son ouvrage avec l'idée préconçue de combattre la doctrine, les études sérieuses auxquelles il s'est livré sur ce que j'appellerai les préliminaires de notre question, l'auraient certainement amené à conclure tout autrement qu'il ne l'a fait. M. Ragon soutient que le donataire renonçant peut cumuler la réserve avec la quotité disponible :

« Dans ma conviction bien arrêtée, dit-il, le droit de retenir une part de réserve est le premier droit du successible qui renonce pour garder un avancement d'hoirie ; celui d'y ajouter la rétention de la quotité disponible n'est que le second ; ni l'un ni l'autre n'est douteux, l'enfant peut les cumuler s'il y échoit.

« La meilleure preuve de ce droit est celle que j'ai tirée pour le préciputaire de la distinction existante entre le rapport et la réduction. Il faut la répéter.

« Si l'enfant donataire en avancement d'hoirie était venu à la succession, au lieu d'y renoncer, il aurait dû à ses cohéritiers le rapport de cette partie de la donation qui eût frappé la quotité disponible, puisque la clause de préciput n'est nécessaire qu'à l'héritier qui vient à partage, pour qu'il puisse la retenir; il leur aurait dû aussi le rapport et rien que le rapport de la partie de la donation correspondant à son droit dans l'hérédité réservée; mais pour la partie de cette donation qui eût atteint cette réserve, à eux, il aurait été soumis à l'étroite et inévitable obligation de la réduction. Tel eût été le sort de la libéralité en cas d'acceptation de la succession par le donataire, comme nous l'avons prouvé plus haut par les articles 921 et 924, et par les principes du partage des successions. Mais le donataire n'accepte pas, il renonce. Sa renonciation lui donne le droit de retenir tout ce qu'il aurait dû rapporter, s'il eût accepté, car l'héritier venant à la succession, est seul soumis au rapport. L'article 843 peut se retourner ainsi : L'héritier ne venant point à une succession ne doit pas rapporter ce qu'il a reçu du défunt... il reste donc seulement soumis à la réduction. La partie de la donation qui aurait été réductible en cas d'acceptation, reste toujours réductible. Mais la réduction n'a pas lieu pour ce qui n'était que rapportable. Elle est donnée à chaque enfant par l'article 921 pour demander sa réserve propre, et non celle de son coréservataire. D'où, encore et toujours, la conséquence que le renonçant peut retenir sa part dans la réserve. Je n'insiste que sur la preuve du droit de retenir la réserve, parce que l'article 845 consacre surabondamment le droit de retenir la quotité disponible si elle n'a pas été donnée à d'autres [1]. »

Le point de départ de cette argumentation est celui-ci : L'héritier auquel il a été fait une donation par préciput dépassant la quotité disponible, est soumis au rapport et non pas à la réduction pour ce qui excède cette quotité disponible, lorsqu'il accepte la succession. Il ne peut devoir le rapport que comme héritier; donc s'il renonce à la succession, il n'est pas héritier;

[1] T. I, p. 491 et 492.

n'étant pas héritier, il ne doit pas le rapport ; ne devant pas le rapport, il a le droit de retenir à titre de réserve ce qui excède la quotité disponible [1] (arg. art. 843 et 924 C. Nap.).

Puis, passant à l'héritier donataire en avancement d'hoirie, l'auteur lui applique le même raisonnement et il arrive à cette conclusion que le donataire en avancement d'hoirie n'étant soumis au rapport qu'en cas d'acceptation il a le droit de retenir en renonçant ce qu'il ne devait rapporter qu'à la condition qu'il viendrait à la succession.

Mais est-il vrai que par cela seul que l'héritier renonçant n'est pas soumis au rapport, il a le droit de retenir comme réservataire les biens qui excèdent la quotité disponible ? Et à quel titre retiendrait-il ces biens ? N'a-t-il donc pas perdu sa qualité d'héritier par la renonciation ; et n'avons-nous pas établi que la réserve étant la succession elle-même, moins la quotité disponible, celui qui a renoncé à la succession ne peut plus avoir aucun droit à la réserve ? L'article 785 enfin, ne vient-il pas dire que celui qui a renoncé à la succession est censé n'avoir jamais été héritier ?

Mais ici, M. Ragon nous arrête. Suivant lui : « La principale cause de nos erreurs est dans l'article 785 mal interprété. De ce qu'il dit que l'héritier qui renonce est censé n'avoir jamais été héritier, » Nous concluons à tort, « par forme de *raisonnement mécanique*, que cet héritier n'est plus qu'un étranger pour la succession, et qu'il faut traiter la libéralité qui lui a été faite et qu'il retient, fût-elle en avancement d'hoirie, comme on traite la libéralité faite à un étranger. Là est l'erreur, ajoute M. Ragon, le droit vit de distinctions, et il faut ici distinguer si la libéralité retenue était ou non par préciput, si elle était une donation de la part héréditaire ou hors part, il faut voir si le renonçant reçoit ou non sa part de succession à quelque autre titre que celui d'héritier. S'il l'a reçue il est censé à certains égards et pour certains effets avoir été héritier [2]. »

En vérité, le reproche qu'on nous adresse d'interpréter mécaniquement l'article 785, nous touche peu. Traduit en termes un peu moins pittoresques il se réduit à ceci, que

[1] T. I, p. 480 et suiv.
[2] T. I, p. 422.

nous lisons dans la loi ce qui s'y trouve clairement exprimé, et qu'à l'exemple de nos adversaires, nous ne sommes pas dans la nécessité de lui faire dire ce qu'elle ne dit pas dans l'intérêt d'une thèse qu'elle condamne.

La loi dit d'une part qu'il faut être héritier pour arriver à la succession ; que la réserve est la succession, moins la quotité disponible ;

La loi dit d'autre part que celui qui renonce à la succession est censé n'avoir jamais été héritier.

Nous concluons que le renonçant n'étant pas héritier, il n'a pas droit à la succession, et partant à la réserve. L'interprétation est rigoureuse, il faut en convenir, et si en disant interprétation mécanique, M. Ragon avait entendu dire interprétation rigoureuse, nous accepterions l'épithète mais non le reproche.

Quant aux distinctions dont vit le droit, ainsi que le dit M. Ragon, nous les reconnaissons quand elles sont écrites dans la loi ; mais lorsqu'elles ne s'y trouvent pas, nous répétons avec la loi : *Ubi lex non distinguit, nec nos distinguere debemus.*

Or, je ne sache pas que la loi dise en quelque endroit que le donataire en avancement d'hoirie qui renonce à la succession, est censé avoir été héritier, à l'effet notamment de retenir en cette qualité ce qu'il ne peut retenir en vertu de l'article 845.

L'article 924 invoqué par M. Ragon, ainsi que l'article 919 que nous examinions plus haut, ne s'applique qu'au donataire *par préciput qui accepte* la succession, il n'a aucun trait au donataire en avancement d'hoirie, même lorsqu'il accepte la succession, encore moins peut-il régler sa situation quand il y renonce.

Arrivant à l'argument tiré de l'article 843 interverti, nous disons qu'il n'est pas plus sérieux que celui tiré de l'article 924. Il nous semble en effet que le jurisconsulte qui viendrait soutenir, en intervertissant l'article 843, que l'héritier acceptant étant seul soumis au rapport, l'héritier renonçant a par cela même le droit de retenir ce qu'il n'est pas obligé de rapporter, raisonnerait à peu près comme le géomètre qui essayerait de démontrer que tout corps rond n'étant pas carré, tout corps carré doit être rond ; car nous l'avons dit et nous le répétons, si ce n'est ni l'article 843 relatif au rapport, ni l'article 921 relatif à la réduction qui empêche le renonçant de retenir une part dans la réserve, c'est l'article 786 qui vient l'en empêcher en attribuant aux héritiers acceptants par voie d'accroissement ce qui excède la quotité attribuée par l'article 845 à l'héritier renonçant.

Tout bien considéré, nous ne trouvons en dehors de l'article 845, ni dans la lettre, ni dans l'esprit de la loi, rien qui permette au donataire renonçant de retenir à la fois sa part dans la réserve et la quotité disponible, et nous sommes réduit à en revenir à notre article 845, dont nous n'avons pu douter un instant qu'en présence de la parole si autorisée de M. Troplong et des attaques si longuement et si spécieusement dirigées contre lui dans les deux volumes de M. Ragon.

Nous disons que l'article 845 est concluant dans notre question, et voici nos raisons :

En rapprochant l'article 845 du Code Napoléon de l'article 307 de la coutume de Paris, qui est ainsi conçu : « Néanmoins, au cas où celui auquel on aurait donné se voudrait tenir à son don, faire le peut en s'abstenant de l'hérédité, la légitime réservée aux autres » ; il est difficile de méconnaître que cet article, d'après lequel il suffisait que les héritiers fussent remplis de leur légitime pour qu'ils n'eussent plus aucune réclamation à faire contre le renonçant, n'ait consacré virtuellement la doctrine du cumul. Or, il est impossible de soutenir que les rédacteurs de l'article 845 qui devait remplacer l'article 307 de la coutume de Paris, aient passé devant cette grosse question du cumul, sans chercher à la trancher dans un sens ou dans l'autre. Nous disons qu'ils l'ont tranchée, et que l'article 845 qui n'autorise le renonçant à retenir son don que jusqu'à concurrence de la quotité disponible, prohibe la théorie du cumul. N'est-il pas évident, en effet, que, si le législateur avait voulu consacrer le cumul, il aurait dû nécessairement ajouter à ces mots de l'article 845 « jusqu'à concurrence de la quotité disponible » les mots suivants « et de sa part dans la réserve. »

C'était là l'opinion de M. le conseiller Poriquet, rapporteur de l'arrêt de Larroque de Mons. C'est encore aujourd'hui celle du savant doyen de la Faculté de droit de Strasbourg, M. Aubry, qui conclut de l'absence de ces mots : « et de sa part dans la réserve » dans l'article 845 que le législateur a entendu repousser le cumul. «L'absence d'autorisation, » dit M. Aubry[1] « équivaut en réalité à une prohibition formelle, puisque l'article précité, ayant pour objet de déterminer ce que le donataire renonçant est autorisé à retenir par dérogation à la loi de son contrat, doit nécessairement avoir pour effet d'exclure de la retenue tout ce qu'il n'y comprend pas. »

Nous croyons avoir ainsi réfuté les principales objections élevées contre le système que nous soutenons, et il résulte à nos yeux de tout ce qui précède que ce n'est pas aux principes relatifs à la faculté de disposer et à la légitime, soit dans les pays de droit écrit, soit dans les pays de coutume, qu'il faut recourir pour décider notre question, mais bien à ceux du Code Napoléon qui, nous pouvons le dire, a créé, sur ces matières, un droit nouveau.

Le Code n'a laissé aucune obscurité sur la question que nous examinons :

On ne peut avoir droit à la réserve que comme héritier (art. 913 et 915);

La part de l'héritier renonçant accroît à ses cohéritiers (art. 785 et 786);

Toute donation, qu'elle soit faite à un étranger ou à un successible, doit être réduite à la quotité disponible lorsqu'elle excède cette quotité (art. 921);

L'héritier donataire qui renonce à la succession ne peut retenir son don que jusqu'à concurrence de cette quotité (art. 845).

Et il n'y a pas à distinguer, comme le fait la Cour de cassation, entre le cas où le renonçant réclame la part de réserve par voie d'action, et celui où il demande à la conserver par voie de rétention, dans l'un comme dans l'autre cas, il a, par sa renonciation, perdu ses droits à l'hérédité, et, par conséquent, à la réserve; car la Cour suprême le dit elle-même dans son arrêt de 1856 : « aucune disposition du Code n'a séparé la qualité d'héritier de celle de réservataire ou de légitimaire. »

« Pour consacrer l'opinion contraire, il faudrait, comme l'a dit M. Poriquet, distinguer où le Code n'a pas distingué,

---

[1] *Des effets de la renonciation à succession par le donataire en avancement d'hoirie*, p. 21.

créer des distinctions qu'il n'a pas établies, et cela n'est pas possible : donner à l'enfant qui renonce ce qu'il aurait eu comme héritier indépendamment de la quotité disponible, ce serait dire que les libéralités peuvent excéder la quotité dont il est permis de disposer, qu'on est saisi d'une partie de la succession sans être héritier, que les héritiers ne sont pas saisis de plein droit de tous les biens, droits et actions du défunt, que la part des renonçants ne leur accroît pas ; ce serait, en un mot, contrevenir à toutes les dispositions fondamentales du Code en cette matière. »

BIBLIOGRAPHIE. — V. dans le sens du cumul : Delvincourt, II, p. 113 et 248. — Grenier, *Rép. de Merlin*, v° *Réserve*, sect. 1, § 1, n° 16 ; sect. 2, § 1, n° 7, et 1ʳᵉ édition du *Traité des donations*, II, 566. — Malpel, *Supp. du traité des successions*, p. 16, n° 270. — Taulier, III, p. 328 et suiv. — Gabriel Demante, *Revue critique*, 1852, II, p. 81, 148 et 743. — Troplong, II, p. 793 à 796. — Ragon, *Théorie de la rétention et de l'imputation des dons faits à des successibles*, 2 vol. in-8° ; 1862.

V. en sens contraire : Toullier, V, 110. — Favard, *Rép.*, v° *Renonciation*, § 1, n° 14. — Duranton, VII, 251-259 ; VIII, 298-299. — Belost Jolimont sur Chabot, obs. 2 sur l'article 845. — Dalloz, *Jurispr. gén.*, v° *Success.*, 1025-1035. — Vazeille, *Des successions sur l'article 845*, n° 4. — Poujol, *Des successions sur l'article 845*. — Grenier, 3ᵉ édition du *Traité des donations*, II, 566 *bis*. — Devilleneuve, Sir., 43, 1, 689, à la note. — Paul Pont, *Revue de législation*, 1843, XVIII, p. 435. — Lagrange, *Revue de droit français et étranger*, 1841, I, p. 109. — Valette, *Droit* du 17 décembre 1845 et 6 septembre 1854. — Aubry, *Des effets de la renonciation*, etc. — Aubry et Rau, 3ᵉ édition, t. V, § 682, note 3. — Rodière, *Revue de législation*, 1850, II, p. 360. — Coin-Delisle, *Limite du droit de rétention*, etc., et *Revue critique*, t. XXII, livraison de février 1863. — Moulin, *Droit* du 30 mars 1853. — Mimerel, *Revue critique*, 1854, V, p. 529, n° 10. — Marcadé, III, sur l'article 845. — Demolombe, XV, 45 ; XVI, 257 et suiv. ; XIX, 49 et suiv. — Machelard, *Revue historique de droit français et étranger*, 1862, p. 683.

Paris. — Imprimé par E. THUNOT et Cᵉ, rue Racine, 26.

Paris. — Imprimé par E. Thunot et Cᵉ, rue Racine, 26.

www.ingramcontent.com/pod-product-compliance
Ingram Content Group UK Ltd.
Pitfield, Milton Keynes, MK11 3LW, UK
UKHW022346120726
13694UKWH00004B/1719